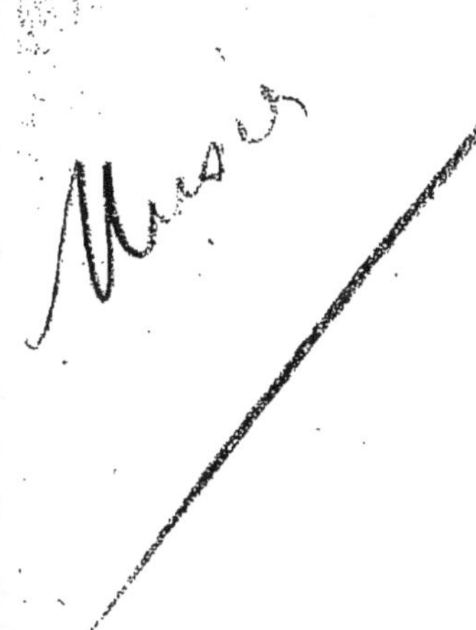

COLLECTION D'UN AMATEUR

———

TABLEAUX ANCIENS

TAPISSERIES

CATALOGUE

DES

TABLEAUX ANCIENS

DES ÉCOLES

FRANÇAISE, FLAMANDE, HOLLANDAISE ET ITALIENNE

PARMI LESQUELS

La Réponse désirée, de LÉPICIÉ

L'Amour et la Poésie, de FRAGONARD ; Portrait d'homme, de CLOUET

PETITS PORTRAITS DE PERSONNAGES HISTORIQUES

MINIATURES A L'HUILE ET SUR IVOIRE

SIX TAPISSERIES LOUIS XIV

Composant la Collection d'un Amateur

ET DONT LA VENTE AURA LIEU

GALERIE GEORGES PETIT

8, rue de Sèze, 8

LE VENDREDI 8 MAI 1891

A DEUX HEURES

COMMISSAIRE-PRISEUR

Me PAUL CHEVALLIER

10, rue de la Grange-Batelière, 10

EXPERTS

M. EUGÈNE FÉRAL | M. GEORGES PETIT

54, rue du Faubourg-Montmartre, 54 | 12, rue Godot-de-Mauroi, 12

EXPOSITIONS

PARTICULIÈRE : *Le Mercredi 6 Mai 1891, de 1 h. à 5 h. 1/2*

PUBLIQUE : *Le Jeudi 7 Mai 1891, de 1 h. à 5 h. 1/2*

CONDITIONS DE LA VENTE

Elle sera faite au comptant.

Les acquéreurs payeront *cinq pour cent* en sus des adjudications, applicables aux frais de la vente.

L'exposition mettant les acquéreurs à même de se rendre compte des objets vendus, aucune réclamation ne sera admise une fois l'adjudication prononcée.

Paris. — Imprimerie de l'Art, E. Ménard et Cⁱᵉ, 41, rue de la Victoire.

Désignation des Objets

TABLEAUX

AELST
(WILLEM VAN)

1 — *Fruits*.

Grappes de raisins blancs et noirs et, sur un plat d'étain, quelques marrons avec une grenade ouverte au-dessus de laquelle volète un papillon. Ces fruits sont posés sur une console de pierre où rampe un colimaçon.

Toile. Haut., 60 cent., larg., 48 cent.

BERCK HEYDE
(GERIST)

2 — *Le Campo Vaccino, à Rome*.

Au premier plan, les ruines d'un temple colossal. Trois colonnes énormes supportant un fragment d'entablement émergent du sol. Tout autour sont groupés les paysans : une femme tenant une quenouille est assise parmi des mannes pleines de légumes; un homme, un panier au bras, cause avec une femme qui porte une corbeille sur la tête ; deux portefaix déchargent un chariot; des campagnards arrivent avec leurs ânes, etc. Au fond, une partie de la ville et le Colisée sous un ciel clair, légèrement embrumé.

Signé en toutes lettres, en bas à droite.

Bois. Haut., 55 cent.; larg., 69 cent.

BESCHEY

(D'après RUBENS)

3 — *Apothéose de Henri IV.*

A gauche, le roi enlevé par le Temps est reçu dans l'Olympe par Jupiter. Au centre, Bellone et la Victoire pleurent le héros. A droite, Marie de Médicis, en deuil, est assise sur le trône, accompagnée de Minerve et de la Prudence. La France lui présente le gouvernement sous l'emblème d'un globe fleurdelisé. Les seigneurs de la cour promettent fidélité.

Toile. Haut., 58 cent.; larg., 92 cent.

BLIEK

(DANIEL DE)

4 — *Intérieur d'un temple protestant.*

Les rayons du soleil pénètrent par les grandes fenêtres en ogive et illuminent de mouchetures d'or les piliers et les murs tout blancs. Les jeux de la lumière sont rendus avec une saisissante vérité.

Quelques figures animent la grande nef qui se présente obliquement.

Signé : *D. De Bliek A° 1654.*

Bois. Haut., 50 cent.; larg., 38 cent.

BLOEMEN DIT STANDAERT

(PIETER VAN)

5 — *Marché aux chevaux.*

Plus de trente chevaux sont disséminés sur un vaste emplacement aux abords d'une ville d'Italie. Au milieu de la composition, trois hommes s'efforcent de maintenir par la corde un cheval blanc moucheté de gris qui a pris le mors aux dents.

Toile. Haut., 74 cent.; larg., 96 cent.

BLOEMEN
(PIETER VAN)

6 — *Un Campement.*

Une petite mendiante demande l'aumône à un trompette montant
un cheval blanc. Un deuxième cavalier et deux chevaux sont arrêtés
auprès d'une auge. Au second plan, les tentes du camp.

Toile. Haut., 58 cent.; larg., 77 cent.

BLOEMEN
(PIETER VAN)

7 — *Animaux.*

Quatre chevaux de labour, dont un monté par un paysan, deux
vaches couchées, un chien lévrier, un haquet attelé de deux chevaux, etc., aux abords d'un camp.

Signé des initiales sur une tente.

Toile. Haut., 58 cent.; larg., 77 cent.

BOILLY
(LOUIS-LÉOPOLD)

8 — *Le Chien favori.*

Dans un intérieur du temps de Louis XVI, deux jeunes filles, les
bras enlacés, vêtues d'élégantes toilettes de satin ; l'une en corsage
vert avec jupe blanche, l'autre en corsage rose et jupe bleue, jouent
avec un épagneul juché sans façon sur la tablette d'un guéridon où
se voient une serviette et une fontaine à thè. Le chien mordille le
bout d'un ruban tenu par la plus grande des jeunes filles. Toutes
deux semblent heureuses de ce jeu badin.

Bois. Haut., 40 cent.; larg., 32 cent.

BOUCHER

(FRANÇOIS)

9 — *Site boisé.*

Un ruisseau coule au pied d'un mur de parc et s'enfonce sous le bois, traversé au second plan par une passerelle de bois.

Charmant paysage d'un pinceau facile et d'une tonalité bleuâtre.

Toile. Haut., 50 cent.; larg., 59 cent.

BOUT ET BOUDEWYNS

10 — *La Fête au village.*

Les paysans dansent sur la place de l'église dans un site boisé, enrichi, de tous côtés, de figurines, de carrosses, d'animaux touchés avec esprit.

Toile. Haut., 38 cent.; larg., 60 cent.

BRACKENBURG

(REINIER)

11 — *L'Heureux Père.*

Doublement fortuné, même! Mais il ne semble pas encore bien pénétré de son bonheur et, gauchement planté au milieu de la chambre, un nouveau-né proprement attifé sur le bras, il a l'air tout interloqué à l'apparition d'un deuxième poupon, identique et pareillement emmaillotté. Son ébahissement surexcite la gaieté de toutes les parentes et voisines, assemblées pour célébrer dignement la naissance des jumeaux. Toutes rient et le verre en main s'en donnent à cœur joie.

On ne compte pas moins d'une vingtaine de figures dans cette amusante composition.

Toile. Haut., 48 cent.; larg., 58 cent.

BREENBERGH

(BARTOLOMÉ)

12 — *Jésus et la Samaritaine.*

La Samaritaine, debout, est attentive aux paroles de Jésus assis
contre le puits. Au second plan, un groupe de figures sur le chemin
de Sichar, construit dans un vallon fermé par de hautes montagnes.
Signé en bas de l'initiale du peintre.

Toile. Haut., 36 cent.; larg., 54 cent.

BRIL

(PAUL)

13 — *Paysages et figures.*

Deux agréables petits tableaux en pendants, représentant des
intérieurs de forêts, avec de nombreuses figurines en costume du
XVIe siècle, peintes avec une incomparable délicatesse.

Bois. Haut., 40 cent.; larg., 50 cent.

BRUANDET

(L.)

14 — *Entrée de forêt.*

Des paysans avec leur petit troupeau suivent un chemin qui s'enfonce à travers la forêt. A droite, une échappée de vue sur un site
montagneux, traversé par un torrent.
Signé à droite : L. Bruandet, 1802.

Toile. Haut., 58 cent.; larg., 72 cent.

BRUSSEL

(THÉODORE VAN)

15 — *Vase de fleurs.*

Tulipes, rosés, œillets et diverses fleurs, dans un vase d'orfè-
vrerie posé sur une table où se voient un nid avec les œufs, un épi
de blé et des liserons.

Bois. Haut., 56 cent.; larg., 45 cent.

CANALETTI

(ANTONIO DA CANAL, dit)

16 — *Un Canal, à Venise.*

Des gondoles sillonnent les eaux d'un canal traversé par un pont
et qui fuit en droite ligne, entre les deux alignements des palais et
des maisons, vers les lagunes que l'on aperçoit dans le lointain. Un
édifice, d'élégante architecture de la Renaissance, se développe sur
le côté droit.

Toile. Haut., 59 cent.; larg., 80 cent.

CARRÉ

(MICHEL)

17 — *Bestiaux au repos.*

Deux vaches et plusieurs moutons couchés dans un pré, auprès
d'une cabane enfouie sous les arbres.

Toile. Haut., 35 cent.; larg., 41 cent.

Canaletti

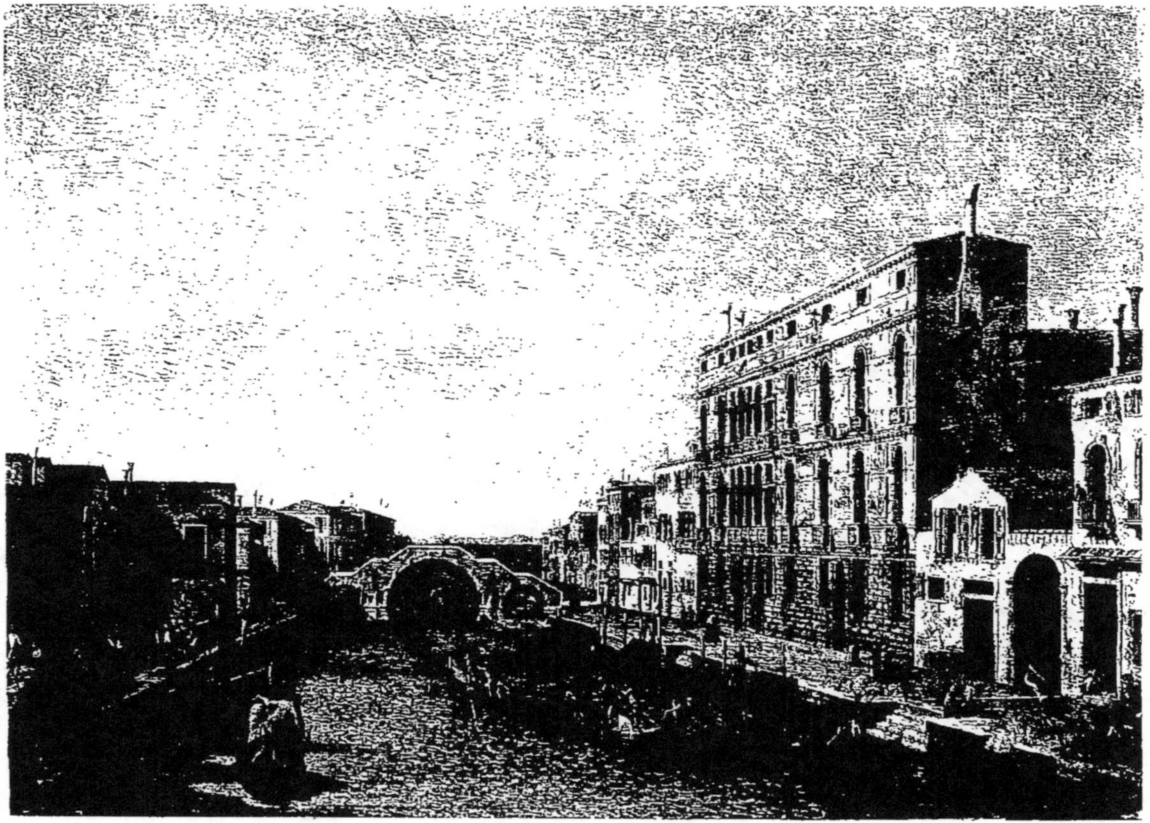

Imp. Georges Petit, Paris.

Un canal à Venise.

Clouet

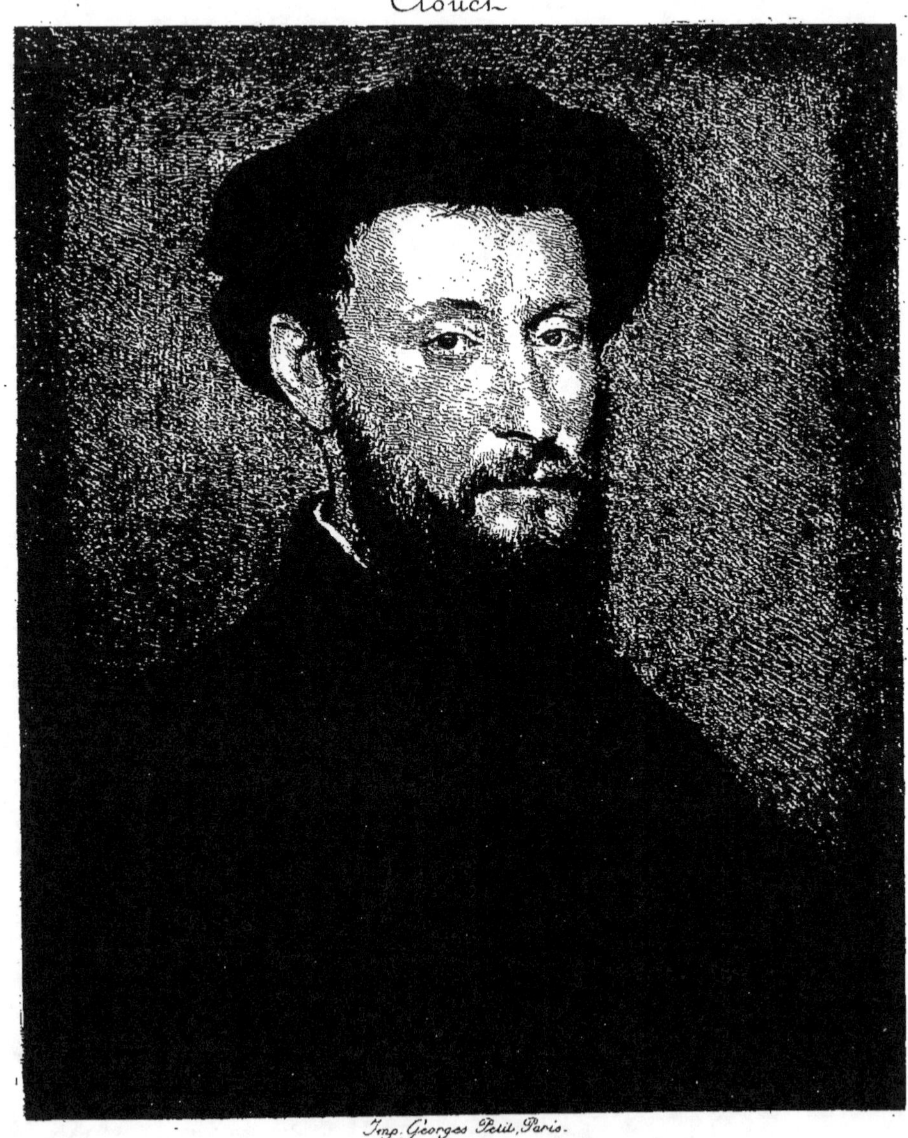

Imp. Georges Petit, Paris.

Portrait d'un gentilhomme.

CLOUET DIT JEHANNET

(FRANÇOIS)

18 — *Portrait d'un gentilhomme.*

Il a de fines moustaches et toute la barbe qui sont châtain foncé.
Son visage, délicatement modelé en pleine lumière, est tourné de
trois quarts, vers la droite. Coiffé d'une toque noire, ceinte d'une
ganse, il porte un vêtement de couleur sombre à collet haut, bou-
tonné par devant. Une chaîne d'or s'arrondit sur sa poitrine. Fond
uni d'un vert intense. Figure en buste.

Petit portrait d'une parfaite distinction et d'une exécution fine et
serrée.

Bois. Haut., 17 cent.; larg., 13 cent.

CLOUET

(École de)

19 — *Portrait de femme.*

Cornette et robe noires, fraise et manchettes bouillonnées, les
mains l'une dans l'autre sur la ceinture. Figure à mi-corps.

Bois. Haut., 15 cent.; larg., 11 cent.

CRANACH

(LUC SUNDER, dit)

20 — *Consummatum est.*

Le Christ vient d'expirer. La Madeleine s'affaisse au pied de la
croix. A genoux, drapée de noir, la Vierge en pleurs. A droite, vêtu
de rouge, saint Jean, les mains jointes.

Signé sur le pied de la croix du dragon ailé.

Bois. Haut., 17 cent ; larg., 11 cent.

CRAYER

(GASPAR DE)

21 — *L'Éducation de la Vierge.*

La tête sous un voile jaune, sainte Anne, assise, en robe rouge et manteau de fourrure, fait lire la Vierge dans un volume ouvert sur ses genoux. La jeune Marie se penche sur le livre dont elle tourne les feuillets ; elle est habillée de satin gris perle.

Pour fond, des colonnes et une balustrade que surmonte un rosier en fleurs se découpant sur le ciel. Figures à mi-jambes.

Toile. Haut., 80 cent.; larg., 60 cent.

CRIVELLONE

(JACOPO CRIVELLI, dit)

22 — *Oiseaux de basse-cour.*

Des oies et des canards, prenant leurs ébats au bord d'un étang, sont soudainement mis en fuite par l'apparition d'un renard.
Bonne peinture décorative.

Haut., 1 m. 25 cent.; larg., 1 m. 85 cent.

CRIVELLONE

23 — Pendant du précédent.

Dans le coin d'un parc orné de bustes, des coqs et des dindons se disputent des raisins au pied d'une treille.

Haut., 1 m. 25 cent.; larg., 1 m. 85 cent.

CUYP

(J. G.)

24 — *Nature morte.*

Une grosse carpe, un couteau, des oignons, un jeu de cartes, un baquet et un verre à pied, le tout sur une table de cuisine.

Toile. Haut., 40 cent.; larg., 60 cent.

DIETRICH

(CHRÉTIEN-GUILLAUME)

25 — *Loth et ses filles.*

Loth est assis dans une grotte ; ses deux filles lui versent à boire. Au fond, à droite, la femme de Loth changée en statue se détache sur les flammes de la ville incendiée.

Signé en bas : *Dietricy.*

Bois. Haut., 37 cent.; larg., 28 cent.

DOES

(SIMON VAN DER)

26 — *Pâturage de Hollande.*

Sur le premier plan, trois brebis et deux vaches couchées; une vache debout derrière une palissade. A gauche, au second plan, deux bergers sous un hangar entouré d'arbres.

Toile. Haut., 30 cent.; larg., 38 cent.

DUBBELS

(JAN)

27 — *Un Grain en mer.*

De gros nuages gris, chassés par le vent, tournoient dans l'atmosphère, projetant une traînée d'ombre à la surface des flots agités. Sous la menace de la tempête, un trois-mâts hollandais gagne le large, tandis qu'au contraire les petites barques de pêche se dirigent, en hâte, vers la côte que l'on distingue, à droite, à l'horizon.

Toile. Haut., 65 cent.; larg., 88 cent.

DUSART

(CORNILLE)

28 — *La Ménagère hollandaise.*

Coiffée d'un petit bonnet de linon brodé de noir, en robe grise avec tablier blanc, elle est occupée à écailler divers poissons sur une planchette installée dans une cour.

Figure à mi-jambes.

Toile. Haut., 30 cent,; larg., 23 cent.

DUVAL

(FRANÇOIS)

29 — *L'Abreuvoir.*

Une villageoise, assise sur un âne, et un pâtre, enveloppé d'un manteau rouge, font abreuver leurs bestiaux à un ruisseau qui coule au premier plan.

Signé à droite.

Bois. Haut., 24 cent.; larg., 36 cent.

L'Amour et la Poésie.

DUVAL
(FRANÇOIS)

30 — *Le Berger.*

Un petit pâtre, assis au milieu d'un pré, joue du flageolet, entouré de brebis, de chèvres, d'un veau et d'un âne chargé. A droite, une femme, un fagot sur le dos, se repose contre un tronc d'arbre.

Signé à gauche.

Bois. Haut., 24 cent.; larg., 36 cent.

ELZHEIMER
(ADAM)

31 — *Tobie et l'Ange.*

Les deux voyageurs, suivis d'un chien, longent un cours d'eau à travers bois; l'ange tenant par le bras le jeune Tobie qui porte le poisson.

Bois. Haut., 15 cent.; larg., 20 cent.

FRAGONARD
(JEAN-HONORÉ)

32 — *L'Amour et la Poésie.*

Personnifiée par une jeune fille aux regards inspirés, couronnée de lauriers, la poitrine à découvert, la Poésie évoque l'Amour. Un style à la main, une tablette posée sur un coussin de velours pourpre, la Muse s'apprête à écrire, sous la dictée du petit Dieu accouru à son appel et qui, d'un geste caressant, lui passe les bras autour du cou, appuyant doucement les mains sur ses épaules.

Gracieuse au possible et d'un effet plein de charme, c'est une des plus aimables productions de l'artiste, une des mieux réussies.

Toile ovale. Haut., 63 cent.; larg., 54 cent.

(Collection Fould.)

GOES

(Attribué à HUGO VAN DER

33 — *La Vierge et l'Enfant Jésus.*

La Vierge Marie allaite l'Enfant Jésus : elle a une robe violette et un manteau bleu brodé d'or. Une draperie blanche à nombreux plis lui sert de coiffure et les tresses ondulées de sa chevelure blonde descendent sur ses épaules. Figure en buste sur fond rouge uni.

Bois, forme circulaire. Diam., 19 cent.

GOYEN

(JAN VAN)

34 — *Le Pigeonnier.*

Un chemin, creusé d'ornières, tourne au premier plan et passe devant une rangée d'habitations rustiques aux toits de chaume se détachant sur la cime des arbres. A droite, un homme est en haut d'une échelle appuyée contre un pigeonnier, en forme de maisonnette, supporté par de longues perches qui émergent d'une clôture en planches. Sur la route, au second plan, est arrêtée une charrette de foin attelée de deux chevaux.

Coloration blonde, d'une exquise finesse.

Signé à droite : *I. V. GOIEN.*

Bois. Haut., 30 cent.; larg., 51 cent.

GRIMOUX

(D'après)

35 — *Portrait de jeune femme.*

En buste, de trois quarts, elle a une toque rouge à plume blanche, une robe bleue à manches tailladées, une collerette bouillonnée à trois rangs. De la main gauche, elle ramène à la poitrine un manteau rouge.

Pastel.

Haut., 64 cent.; larg., 54 cent.

GUARDI

(FRANCESCO)

36 — *Architecture.*

Un petit obélisque, reposant sur un piédestal, s'élève au bord de la mer, à l'extrémité d'un mur de parc, au-dessus duquel se montre une ancienne niche monumentale, tapissée de plantes grimpantes. Au premier plan, un groupe de trois figures. Dans le lointain, une petite voile blanche se profile sur la ligne d'horizon.

Bois. Haut., 26 cent.; larg., 20 cent.

HEEMSKERK

(EGBERT VAN)

37 — *Intérieur.*

Un porc décapité, dépecé, le ventre ouvert, est suspendu par les jambes de derrière à une échelle ; la tête trempe dans un baquet. Au fond de la pièce, à demi perdues dans la pénombre, on distingue trois figures : deux femmes et un homme qui bourre sa pipe.

Bois. Haut., 40 cent.; larg., 35 cent,

HERP

(GÉRARD VAN)

38 — *Le Viatique.*

Dans la campagne, un prêtre, revêtu de ses habits sacerdotaux et portant le Saint-Sacrement, monte un cheval bai qu'un homme habillé de bleu conduit par la bride. Un diacre le suit, une lanterne sous le bras, ayant pour monture un cheval blanc maintenu par un homme vêtu de rouge.

Bois. Haut., 27 cent.; larg., 35 cent.

HEUSCH

(WILLEM DE)

39 — *La Cascade.*

Un homme à cheval et un colporteur passent auprès de deux grands arbres, se dirigeant vers une chute d'eau qui tombe du haut d'énormes rochers baignés par un fleuve à son embouchure.

Bois. Haut., 43 cent.; larg., 40 cent.

HEYDEN

(Attribué à J. VAN DER)

40 — *Vue d'une des portes d'Amsterdam.*

Ce petit tableau, d'une exécution très soignée, passe pour être une répétition réduite de celui de la Galerie Erard, avec quelques variantes dans la disposition et le nombre des figures.

C'est la porte qui ouvre sur le chemin de Leyde. En avant est un pont-levis et, en deçà, la route sur laquelle sont groupées de petites figures peintes dans le sentiment d'A. Vanden Velde; cette route est bordée de chaque côté par une barrière à hauteur d'appui.

Bois. Haut., 30 cent.; larg., 36 cent.

HUYSUM

(J. VAN)

41 — *Fruits*.

Raisins blancs, poires et pommes, groupés sur une table de pierre contre laquelle rampe un colimaçon.

Signé en toutes lettres.

Toile. Haut., 40 cent.; larg., 34 cent.

KOBELL

(JEAN)

42 — *Pâturage*.

Deux vaches et une chèvre debout dans une mare, une autre vache couchée, des brebis et des chèvres sous la surveillance d'une paysanne qui est assise sur un tronc abattu et présente une bouchée de pain à son chien. A droite, quelques animaux paissent sur un monticule planté d'arbres. A gauche, une campagne accidentée avec montagnes au loin, sous un ciel nuageux.

Bois. Haut., 36 cent.; larg., 46 cent.

LAAR

(PIERRE VAN)

43 — *Soudards à l'hôtellerie*.

Des soudards sont installés dans la cour d'une hôtellerie. L'un d'eux courtise de près une dame assise sans façon au milieu du groupe, le pied sur un pot renversé, et qui ne semble pas d'humeur farouche. Une jeune et timide servante, qui leur verse à boire, détourne un peu la tête. Huit figures.

Cadre ancien en bois sculpté et doré.

Bois. Haut., 47 cent.; larg., 63 cent.

LAJOUE

(JACQUES)

44 — *Le Parc à l'abandon.*

Ancien parc, dans un site montagneux et boisé. A gauche, sur le premier plan, un palais en ruines et une pyramide surmontée d'un vase. Des paysans font abreuver des vaches dans une vaste pièce d'eau encaissée, au second plan, par un mur circulaire d'élégante architecture à niches en coquilles formant fontaines, entre des gaines en ressaut qui supportent des vasques reliées par une balustrade.

Composition décorative, agréable et du meilleur faire de l'artiste.

Toile. Haut., 80 cent.; larg., 1 m. 14 cent.

LALLEMAND

(JEAN-BAPTISTE)

45 — *Le Dessinateur.*

Un artiste dessine sur la terrasse d'un parc, assis auprès d'une statue. Derrière lui se tiennent deux promeneurs, debout contre une balustrade que surmontent la colonnade d'un temple en ruines et des massifs de verdure.

Toile ovale. Haut., 55 cent.; larg., 45 cent.

LARGILLIÈRE

(École de)

46 — *Portrait de femme.*

Presque de face, à mi-corps, les cheveux ondulés et poudrés maintenus par des rubans roses, en robe rouge à passements d'or, avec ceinture jaune et manteau bleu flottant derrière le corps.

Cadre sculpté

Toile. Haut., 74 cent.; larg., 59 cent.

LE GROS

47 — *Portrait d'un prélat.*

Représenté à mi-corps, tourné de trois quarts vers la droite. Ses cheveux châtains et bouclés sont rejetés en arrière. Il porte l'aube, le camail violet et le rabat.

Cadre sculpté.

Toile. Haut., 82 cent.; larg., 65 cent.

LENAIN

(MATHIEU)

48 — *Les Deux Sœurs.*

Deux fillettes blondes, vues en pied, se tenant par la main, vêtues de gris et de blanc; l'aînée assise, la jeune debout.

Toile. Haut., 41 cent.; larg., 30 cent,

LÉPICIÉ

(NICOLAS-BERNARD)

49 — *La Réponse désirée.*

Tel est le titre sous lequel l'artiste a exposé ce tableau au Salon de 1777. Car il s'agit ici d'une demande en mariage.

La scène se passe dans un intérieur de braves ouvriers, au moment où le repas familial vient de s'achever. Un jeune homme endimanché, ayant jeté par terre sa canne et son chapeau, est assis sur un tabouret. Favorablement accueilli par la mère de famillle, assise elle aussi, vue de face, en robe claire rayée de rose, bonnet, fichu et tablier blancs, il lui prend les mains et la remercie chaleureusement. Ce pendant que la jeune fille, en bonne ménagère qui se disposait à emporter les assiettes et le saladier, s'est arrêtée auprès de sa mère et, tournée de profil, confuse, incline la tête en signe d'assentiment ; elle est vêtue d'une robe jaunâtre avec tablier bleu.

A gauche, coiffé d'un feutre noir, accoudé sur un buffet, le père, un bon sourire aux lèvres, est assis au bout de la table, derrière laquelle se tiennent debout, très attentifs, une sœur et un frère de la jolie fiancée. Le dernier des enfants, bambin fort indifférent à tout ceci, se roule par terre avec un chien.

A droite, une étoffe rose est jetée sur une chaise de paille auprès d'une corbeille. Du même côté, au fond de la pièce, quelques marches donnent accès à un atelier où se voit un établi sur lequel est grimpé un chat.

Œuvre importante et de qualité exceptionnelle. Elle est signée en toutes lettres et datée 1776. L'artiste, alors âgé de quarante et un ans, était dans toute la plénitude de son talent.

Toile. Haut., 64 cent.; larg., 80 cent.

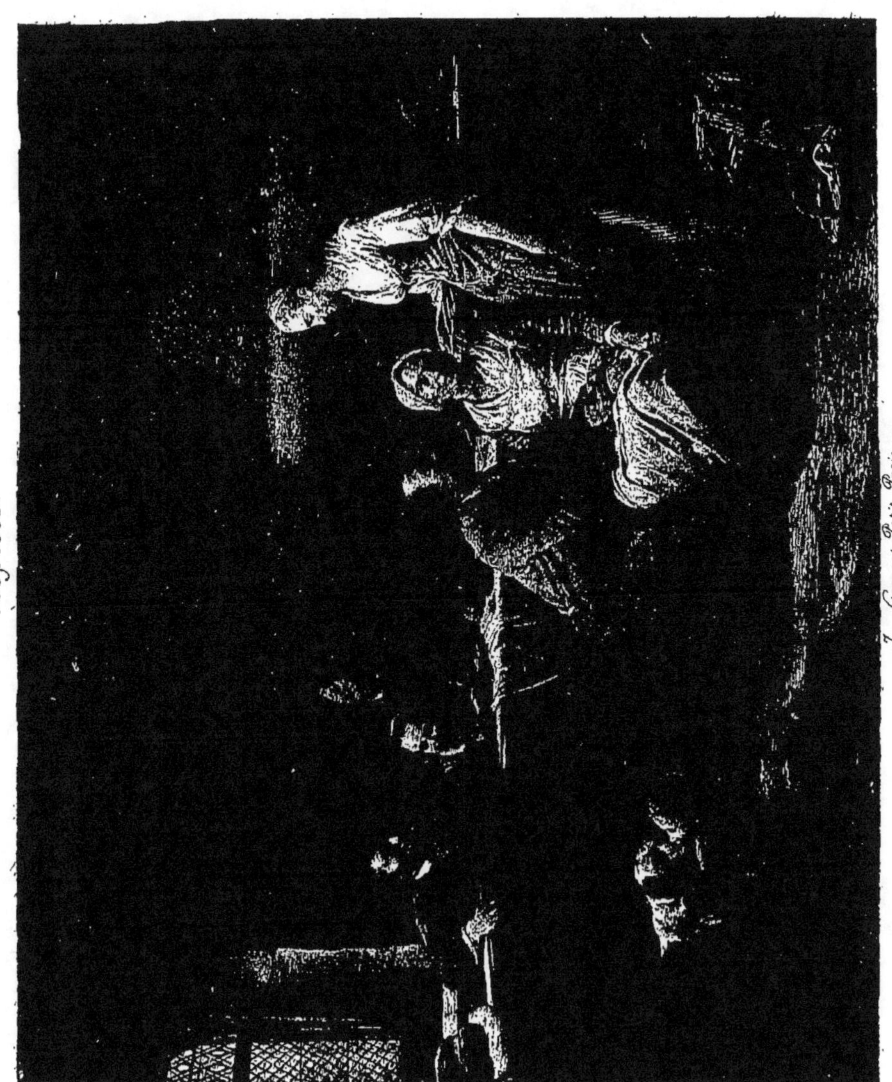

Lepicié.

Imp. Georges Petit Paris.

La réponse désirée.

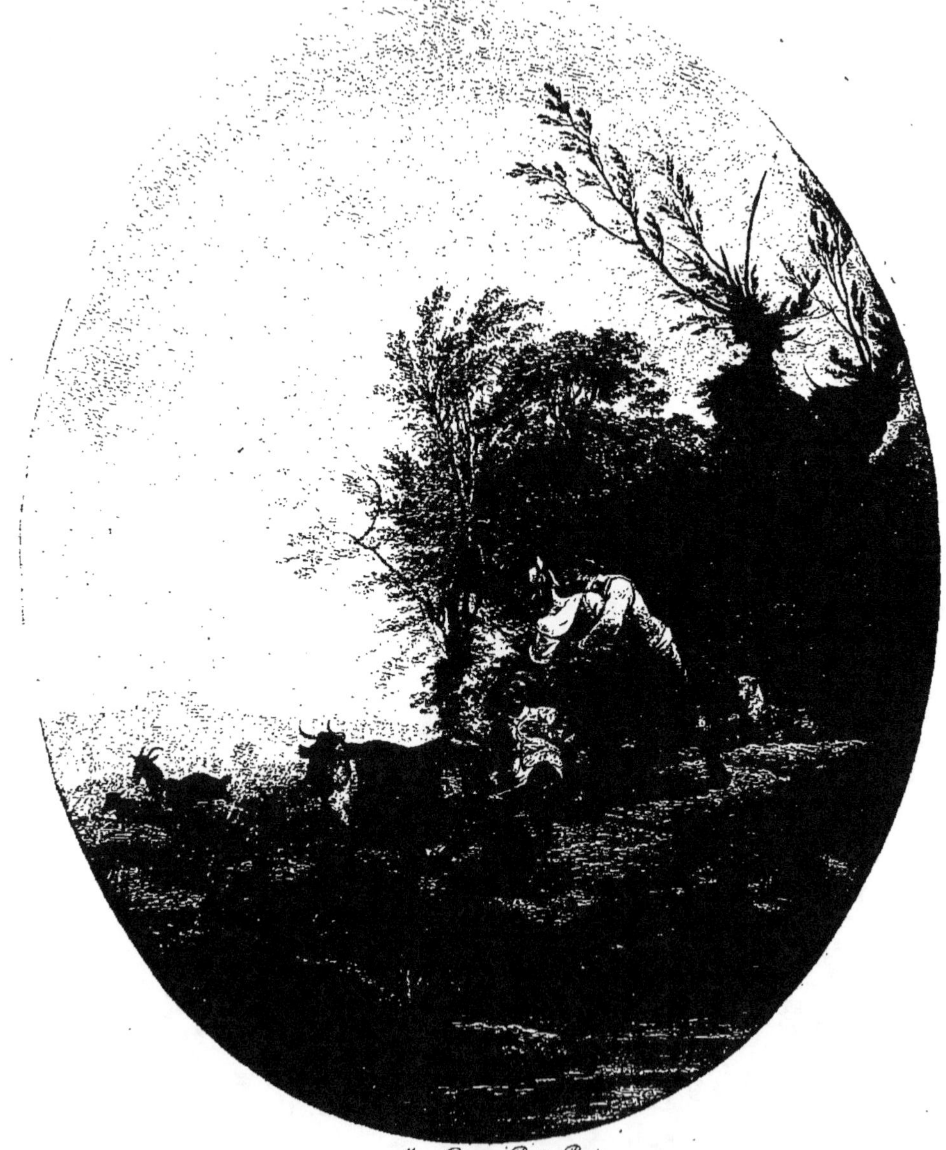

Loutherburg.

Les bergers.

LOUTHERBOURG
(PHIL.-JACQUES)

50 — *Les Bergers*.

A l'orée d'un bois, sur un monticule planté de saules ébranchés, un berger a saisi par la taille une jeune villageoise et cherche à l'embrasser, ce qui fait rire aux éclats un second berger assis par terre, la pipe à la main. Une vache, des brebis et des chèvres sont éparpillées dans le pâturage.

A gauche, une échappée de vue sur une plaine bornée par la cime des montagnes.

Ce charmant tableau a été gravé au siècle dernier par P. Laurent. Signé et daté, en bas, sur un rocher au bord de l'eau.

Cadre ancien en bois sculpté.

Haut., 45 cent.; larg., 35 cent.

MAAS
(NICOLAS)

51 — *Portrait d'homme*.

Personnage imberbe, à chevelure blonde, représenté en buste de trois quarts, vêtu de noir et portant une collerette de linon empesé.

Petit portrait grassement peint, dans une gamme ambrée, très harmonieuse.

Bois. Haut., 29 cent.; larg., 25 cent.

MAGNASCO
(ALESSANDRO)

52 — *Un Miracle*.

Un religieux ressuscite un homme étendu sur une civière.

Esquisse énergiquement brossée.

Toile. Haut., 75 cent.; larg., 46 cent.

MANS

(F. H.)

53 — *Un Jour de fête*.

Bords d'un canal de Hollande, un jour de kermesse. De tous côtés règne la plus vive animation. Les deux rives fourmillent de monde et l'on s'entasse dans les barques et dans les canots, au risque de les faire chavirer.

Au milieu du tableau, derrière un pont, se dressent les toitures du village et, au-dessus, la flèche du clocher.

Signé à gauche et daté 1683.

Bois. Haut.. 58 cent.; larg., 83 cent.

MANS

(F. H.)

54 — *La Kermesse*.

La foule se répand dans la grande rue du village. Les cabarets qui se succèdent sur le côté droit sont envahis et les clients, devant les portes, se bousculent autour des tonneaux dressés de champ, en guise de tables.

Signé à droite et daté 1683.

Bois. Haut., 58 cent.; larg., 83 cent.

MOL

(PIETER VAN)

55 — *Pieta*.

Le corps du Christ a été descendu de la croix; il repose contre les genoux de la Vierge qui, tout en larmes, élève ses regards vers le ciel.

A gauche, sainte Madeleine, les mains jointes, s'affaisse sous le poids de sa douleur.

A droite, sainte Thérèse, vue de profil, est en prières.

Énergique peinture de P. van Mol, un vaillant artiste qui se forma à la grande école de Rubens.

Toile. Haut., 1 m. 34 cent.; larg., 1 m. 64 cent.

MOLENAER

(JEAN-MIENSE)

56 — *Le Concert burlesque.*

Rien de comique comme cette tablée de huit personnes, hommes et femmes, s'acharnant à faire du bruit. Non contents de brailler à tue-tête, ils s'ingénient à accroître le tapage au moyen d'instruments de leur invention. Celui-ci se sert de débris d'assiettes en guise de castagnettes, sa compagne fait cliqueter des pincettes; celui-là transforme un soufflet en guitare. Cet autre tire les oreilles d'un pauvre chat, dont les miaulements aigus lui semblent d'un effet agréable dans ce charivari. Jusqu'à cette brave Hollandaise, assise à gauche, et si proprette avec son corsage rouge, sa jupe bleue et son tablier blanc, qui se met de la partie, en raclant un gril avec un couteau, à l'imitation d'un instrumentiste sérieux, majestueusement assis au milieu du groupe et qui opère, lui, avec un violon véritable. C'est une triomphante cacophonie. — Diverses poteries sont déposées sur le sol.

Composition plaisante à voir et de haute qualité pour l'expression des physionomies, la finesse de la touche et la chaleur du coloris.

Bois. Haut., 50 cent.; larg., 66 cent.

MOLENAER

(JAN-MIENSE)

57 — *L'Ivresse du musicien.*

Vêtu d'une chemise ouverte à la poitrine, de culottes grises à canons de rubans multicolores, chaussé de bas de soie blanche, il chancelle, battant encore la mesure de la main droite et tenant de la gauche son violon, qu'il appuie sur le dossier d'un fauteuil. Au milieu d'une table recouverte d'un tapis rouge, le vidrecome, trop souvent vidé, gît renversé contre une aiguière et son bassin. Derrière la table, un rideau se drape autour d'une colonne.

Bois. Haut., 40 cent.; larg., 32 cent.

MOLYN

(PIETER)

58 — *Choc de cavalerie.*

Deux partis de cavaliers sont aux prises et se battent à l'épée et au pistolet.

A droite, un trompette sonne la charge.

Au premier plan, un soldat gît sur le dos.

Signé à gauche du monogramme et daté 1649.

Bois. Haut., 30 cent.; larg., 39 cent.

MORGENSTERN

(LOUIS-ERNEST)

59 — *Intérieur d'église.*

La nef principale et une partie du transept d'une cathédrale gothique.

A gauche, les orgues; çà et là, des groupes de figures.

A droite, un prêtre à l'autel.

Cuivre. Haut., 54 cent.; larg., 62 cent.

MOUCHERON

(ISAAC)

60 — *La Pièce d'eau.*

Vue d'un parc planté de grands arbres, avec une grande pièce d'eau entourée de portiques, de beaux vases, de statues de Fleuves et de Tritons, etc. Au second plan, on aperçoit, sous une arcade, le char de Neptune. Au premier plan, un homme est accoudé sur une balustrade, en partie couverte par un magnifique tapis d'Orient; à gauche, une femme et un enfant tenant des fleurs sont assis sur des degrés.

Toile importante et d'un effet décoratif très séduisant.

Haut., 98 cent.; larg., 1 m. 14 cent.

MOUCHERON

(FRÉDÉRIC)

61 — *Marche d'animaux.*

A travers bois, un pâtre conduit une vache et quelques moutons sur un sentier qui longe un torrent. Ciel grisâtre.

Bois. Haut., 65 cent.; larg., 50 cent.

NAUWINCX

(H.)

62 — *Paysage.*

La gauche du paysage est occupée par un bouquet de chênes immenses détachant leurs rameaux touffus sur un ciel zébré de nuages vivement éclairés. Au pied des arbres, sur un chemin sinueux, deux hommes sont arrêtés, l'un debout, l'autre assis par terre. A droite, un cours d'eau coule sur la lisière d'un bois que surmontent des massifs de rochers. Effet d'une grande puissance.

Œuvre d'un artiste hollandais du XVIIᵉ siècle qui fut peintre et graveur. Ses tableaux sont rares et ses eaux-fortes (16 petites pièces) très recherchées.

Signé : *Nauwjncx.*

Bois. Haut., 48 cent.; larg., 40 cent.

NEEFFS

(PEETER)

63 — *Intérieur d'église.*

Vue de la grande nef et des bas-côtés d'une cathédrale gothique, animée de nombreuses figurines d'un coloris vigoureux et d'une touche habile, qui nous semblent dues aux pinceaux de *Sébastien Franck.*

Signé en haut : *Den Auden* (le vieux) *Peeter Neeffs.*

Toile. Haut., 52 cent.; larg., 66 cent.

NETSCHER

(GASPAR)

64 — *Portrait d'un officier hollandais.*

Nu-tête, de trois quarts et à mi-jambes, la cuirasse passée sur un buffle, un manteau de soie noire drapé sur les épaules, le rabat et les manchettes de dentelle garnis de rubans écarlates, il s'accoude du bras droit sur un rocher et a la main gauche sur une sangle de l'épée. Dans les lointains, brillent les feux d'un campement.

Bois. Haut., 46 cent.; larg., 37 cent.

OSTADE

(École de ISACK VAN)

65 — *L'Intérieur rustique.*

Un compère dépenaillé prend la main d'une grosse luronne affaissée sur un banc, après boire, dans la charitable intention de l'aider à se lever. Cette audacieuse tentative provoque l'hilarité de deux paysans assis, d'un grand gamin et d'un ménétrier debout qui tâche d'accorder son instrument. Un bambin se roule par terre avec un chien et, au fond de la pièce, trois hommes se chauffent sous le manteau de la cheminée.

Bois. Haut., 39 cent.; larg., 50 cent.

OSTADE

(École de ISACK VAN)

66 — *Tabagie.*

Cinq paysans fument et boivent, tandis qu'une vieille femme, assise sur un tonneau, fait la lecture de la gazette.

Bois. Haut., 26 cent.; larg., 23 cent.

PEETERS

(BONAVENTURE)

67 — *L'Éclaircie ; marine.*

Vaisseau et bateaux de pêche sur une mer en furie. A l'horizon, la ligne bleuâtre du rivage avec les silhouettes des églises et des moulins. Ciel obscur avec, au milieu, une trouée lumineuse.

Bois. Haut., 25 cent.; larg., 35 cent.

POEL

(EGBERT VAN DER)

68 — *Le Mendiant.*

Type de rustre, vu de profil, la tête penchée en avant, enfouie sous un feutre à bords déchiquetés, le menton hérissé de poils incultes, les épaules serrées dans une vieille étoffe brune. Figure en buste.

Bois. Haut., 10 cent.; larg., 9 cent.

RICCI

(SEBASTIANO)

69 — *Jésus présenté au peuple* et *le Portement de la croix*.

Deux esquisses peintes en grisaille.

Haut., 22 cent.; larg., 15 cent.

ROOS

(JOHANN HEINRICH)

70 — *Paysage avec des animaux*.

Vaches, chèvres et moutons, parmi des rochers, au bord d'un ruisseau qui coule sous un aqueduc en ruines. Le pâtre, monté sur un rocher, lutine une bergère qui en riant appelle le chien à son aide.

Bon tableau. Signé et daté 1681.

Toile. Haut. 77 cent.; larg., 93 cent.

ROBERT

(HUBERT)

71 — *La Garde civique*.

Trois hallebardiers, en faction sous une porte voûtée, surveillent la campagne où l'on aperçoit, émergeant d'un chemin en contre-bas, les fers des lances d'une patrouille.

Charmant pastiche dans la manière de Franz Hals, peint de verve avec une surprenante facilité.

Bois. Haut., 57 cent.; larg., 44 cent.

RYCKAERT
(DAVID)

72 — *Réjouissance au cabaret.*

Les villageois en goguette se bousculent dans la salle enfumée du cabaret. Ils entourent une table où se voit un jambon sur un plat d'étain. Un vieux à barbe blanche, en longue lévite grise, est assis sur un banc. Un jeune, coiffé d'un feutre, chante une chanson bachique, les deux mains posées sur un broc. Une vieille fait boire un bambin à même la canette. A gauche, une servante fait cuire des crêpes dans la cheminée. A droite, cinq enfants jouent autour d'un plat oublié par terre, non loin d'une grande cruche de grès. Par derrière, la fouille grouillante des buveurs, des chanteurs, des amoureux.

Œuvre capitale de l'artiste, signée et datée 1654.

Toile. Haut., 88 cent.; larg., 1 m. 20 cent.

SEGHERS
(DANIEL)

73 — *Guirlande de fleurs.*

Une jolie guirlande composée principalement de tulipes multicolores, de plusieurs variétés, sert d'encadrement à un cartouche représentant le Ravissement de saint Paul, peint par Gérard Seghers.

Bois. Haut., 98 cent.; larg., 68 cent.

STEEN

(JAN VAN)

74 — *La Bonne Aventure.*

Non loin d'une arche délabrée de briques rouges, que domine une tour en ruines servant de colombier, une jeune dame hollandaise, vue de profil, en robe de satin jaune et accompagnée d'un seigneur vêtu de noir, présente sa main ouverte à une vieille bohémienne, loqueteuse, qui, l'index de la main droite étendu, débite ses prédictions, sans lâcher le marmot qu'elle a sur le bras gauche. Un enfant en haillons offre des fleurs à la belle dame. A droite, six bohémiens, habitués à ne rien faire, sont paresseusement allongés sur un talus, à l'ombre d'un chêne. Deux autres membres de la tribu se tiennent sous l'arche : un enfant qui avive le feu sous la marmite, en soufflant dessus, et une femme qui casse des branches mortes.

Toile. Haut., 74 cent ; larg., 60 cent.

STORK

(ABRAHAM)

75 — *Port de mer hollandais.*

Une embarcation de plaisance, conduite à la rame, traverse un bassin du port; à droite, quelques bateaux de pêche sont amarrés au long d'un quai où s'alignent les façades de briques de maisons à pignons en redans. A l'extrémité du quai se dresse une tour surmontée d'un double lanternon. Au second plan, un pont et, au-dessus, les mâtures de vaisseaux à l'ancre dans un autre bassin.

Signé sur une barque à droite.

Beau cadre ancien en bois sculpté et doré.

Toile. Haut., 62 cent.; larg., 80 cent.

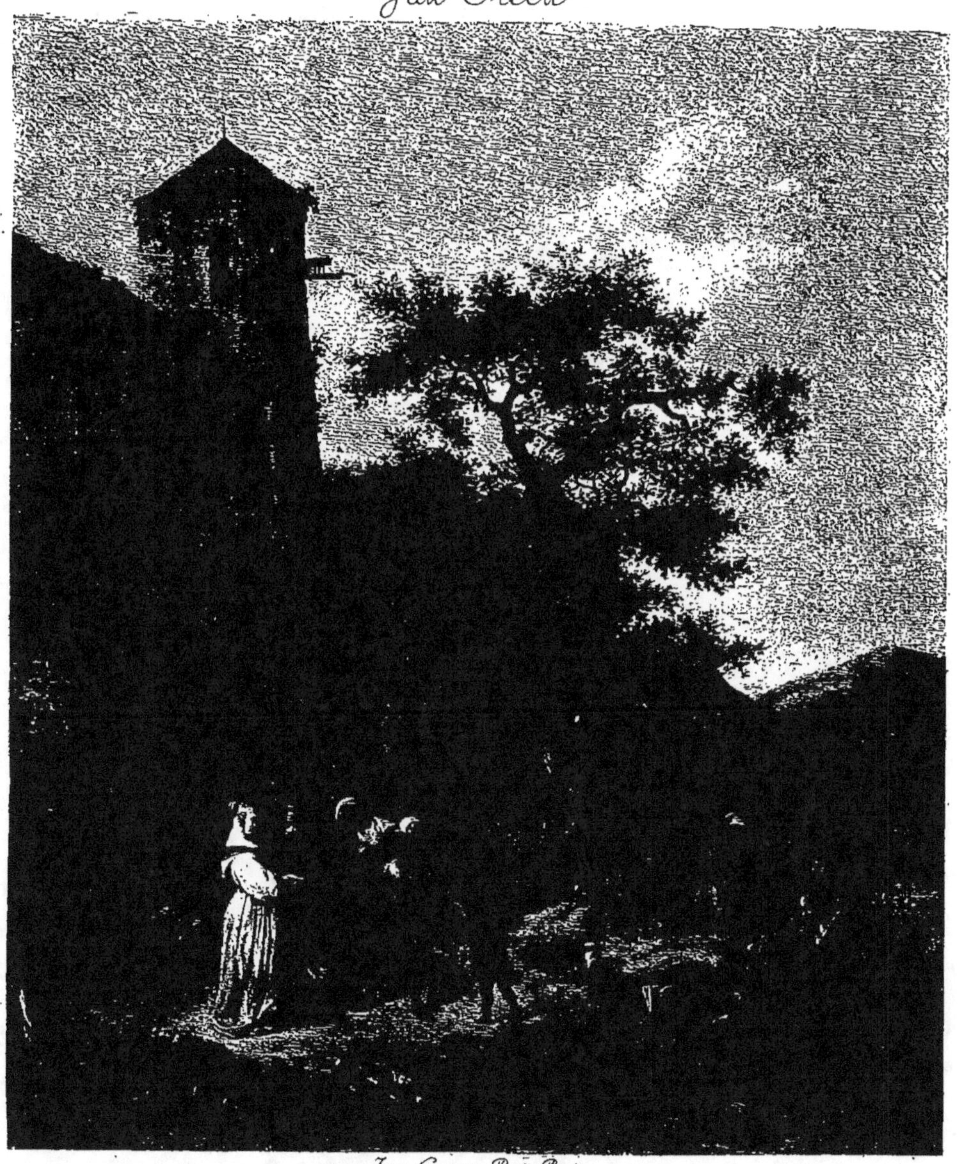

Imp. Georges Petit, Paris.

La bonne aventure.

STORK

(ABRAHAM)

76 — *Le Coup de canon ; marine.*

En vue de la côte, un trois-mâts sous pavillon hollandais signale son arrivée par un coup de canon. L'embarcation du pilote lamaneur s'approche à pleines voiles. Des barques de pêche et des canots voguent en tous sens. Mer houleuse. Ciel nuageux.

Toile. Haut., 66 cent.; larg., 90 cent.

SUBLEYRAS

(PIERRE)

77 — *La Messe de saint Basile.*

L'empereur Flavius Valens, ayant embrassé l'arianisme, voulait contraindre Basile, évêque de Césarée, à l'imiter. Dans cette intention, il se rend dans l'église où l'évêque célébrait les saints mystères, mais ce spectacle lui cause une telle émotion qu'il perd connaissance dans les bras de ses officiers.

Au premier plan, à gauche, un homme prend des mains d'un enfant une corbeille remplie de pain. Dans la partie supérieure volent deux anges.

Cette réduction terminée du célèbre tableau exécuté en grand, à Rome, en 1745, pour l'église des Chartreux et reproduit en mosaïque dans la basilique de Saint-Pierre, porte la signature du peintre et la date 1746.

Toile, cintrée par le haut. Haut., 1 mètre 37 cent.; larg., 79 cent.

TERBURG

(GÉRARD)

78 — *Portrait d'homme.*

Il est représenté sur le seuil de son habitation, soulevant une portière, vêtu d'un justaucorps jaunâtre à soutaches noires avec manteau drapé sur l'épaule gauche. Figure à moitié jambes.

Ce petit portrait a subi, dans le rideau et les fonds, des restaurations qui ont alourdi la transparence du coloris. Les carnations sont bien conservées.

Bois. Haut., 46 cent.; larg., 38 cent.

TILBORGH

(GILLES VAN)

79 — *La Collation à l'auberge.*

Une grosse Flamande, en robe rose avec guimpe blanche, est attablée devant une assiettée de crabes servie sur un guéridon où elle a déposé son chapeau de paille. Elle tend son verre à un gai compagnon, qui, la cruche à la main, lui verse à boire, riant et retirant poliment son béret rouge. Plus loin, une vieille femme est assise sur un tabouret bas, la face vers un mur où pend un miroir. A droite, l'aubergiste sort de la pièce en emportant un plat.

Bois. Haut., 35 cent.; larg., 33 cent.

TOCQUÉ

(Attribué à)

80 — *Portrait d'un jeune seigneur.*

A mi-jambes, de face et debout, perruque poudrée, la main gauche dans l'ouverture d'un gilet à ramages, la main droite gantée de blanc. Il a une cravate blanche, un jabot et des manchettes en point de France, un habit bleu à broderies et boutons d'or.

Cadre sculpté.

Toile. Haut., 80 cent.; larg., 65 cent.

ULFT

(JACQUES VAN DER)

81 — *La Colonne Trajane*.

De nombreuses figurines, des animaux, des chariots circulent sur la place Trajane ; à droite, la façade d'une église à coupole.

Bois. Haut., 31 cent.; **larg.**, 26 cent.

VADDER

(LOUIS DE)

82 — *Paysage*.

Site accidenté avec torrent encaissé de terrains sablonneux. Sur le premier plan sont réparties plusieurs figures de paysans et un petit chien qui gambade. Ces figures, peintes avec légèreté et esprit, sont attribuées à *David Teniers*.

Toile. Haut., 60 cent.; larg., 80 cent.

VERNET

(JOSEPH)

83 — *Port de mer ; soleil couchant*.

Au premier plan, sur un quai, un batelier, le bonnet à la main, propose son embarcation à quatre promeneurs : seigneur en manteau rouge, Turc tenant une pipe et deux dames vêtues à la mode orientale. A gauche, un marinier est assis sur des canons. Au second plan, un vaisseau à l'ancre, auprès d'un phare et d'un édifice bâti au pied des montagnes.

Signé à gauche.

Toile. Haut., 58 cent.; larg., 63 cent.

VITELLI

(GASPARD VAN WITEL, dit)

84 — *Le Forum.*

De nombreuses figurines, seigneurs, moines, paysans, bouviers, des cavaliers, des carrosses donnent une vive animation à cette inté·ressante vue du Forum au xviiᵉ siècle, qui montre avec une remarquable précision les temples, l'arc de triomphe et les divers monuments de l'antiquité, déjà exhumés à cette époque. Au fond de la grande voie, se dresse le Capitole.

Signé, en bas sur un débris d'architecture : *Gaspard Van Witel, Roma.*

Toile. Haut., 56 cent.; larg., 1 m. 10 cent.

VRANCX

(SEBASTIAN)

85 — *Un Cours d'une ville flamande.*

Au milieu d'une large avenue, ombragée d'arbres et bordée d'habitations seigneuriales, se dresse un magnifique portique sous lequel une longue table est préparée pour un festin. Une foule de personnages, revêtus des costumes distingués et sévères de la fin du xviᵉ siècle, sont réunis sur ce cours. Au premier plan, on remarque un gentilhomme vêtu de noir qui vient de descendre de cheval et s'incline avec respect devant une dame de qualité tenant un chasse-mouches; un seigneur et deux dames qui font la conversation; à droite, une assemblée de musiciens auprès d'une belle fontaine décorée de statues; plus loin, une compagnie de pasquins et d'acrobates, etc., etc.

Peinture des plus intéressantes pour l'étude du costume et des mœurs des personnes de distinction dans les Pays-Bas, au temps de l'archiduc Albert.

Signée du monogramme de l'artiste S. V., sur la croupe du cheval.

Bois. Haut., 54 cent.; larg., 84 cent.

WATERLOO

(ANTOINE)

86 — *Paysage.*

Un paysan, le pantalon retroussé, traverse un **ruisseau qui coule** à travers bois.

Bois. Haut., 41 cent.; larg., 37 cent.

WATTEAU

(École de)

87 — *Les Galants Propos.*

Trois dames, deux assises, l'autre debout tenant une houlette enrubannée, devisent avec leurs trois cavaliers, sous les arbres, au pied d'un mur de terrasse que surmonte une statue de satyre couché.

Toile. Haut., 45 cent.; larg., 55 cent.

WERFF

(Le chevalier ADRIAAN VAN DER)

88 — *Bacchus et Ariane.*

Auprès d'un terme de Pan, Bacchus rencontre Ariane abandonnée dans l'île de Naxos et l'étreint amoureusement. Par terre, une corbeille de fleurs. Au second plan, groupe de trois figures. Dans les lointains, la mer sous un ciel au crépuscule du soir.

Petit tableau d'une extrême finesse de pinceau.

Bois. Haut., 38 cent.; larg., 30 cent.

VINCENT

(FRANÇOIS-ANDRÉ)

89 — *Portrait d'homme.*

Coiffé d'un chapeau noir à grands bords qui laissent dans l'ombre le front et les yeux, il a une cravate blanche, un habit vert, un manteau noir.

Buste.

Toile. Haut., 56 cent.; larg., 46 cent.

WOUWERMAN

(PHILIPS)

90 — *La Défense du drapeau.*

Choc de cavalerie. Au milieu de la mêlée, le porte-drapeau pressé entre les combattants se trouve à demi désarçonné.

Le ciel est obscurci par la fumée.

Composition d'une trentaine de figures.

La touche si fine de Ph. Wouwerman est malheureusement amollie sous de lourdes restaurations.

Toile. Haut., 51 cent.; larg., 66 cent.

WOUWERMAN

(PEETERS)

91 — *Le Départ de l'auberge.*

Une amazone, montant un cheval blanc, et deux cavaliers, dont l'un a un faucon sur le poing, attendent un quatrième personnage qui paye la dépense à l'aubergiste, avant de se remettre en selle ; le cheval de ce dernier est tenu en bride par un petit serviteur. L'auberge occupe la droite du tableau. Des plaines fertiles s'étendent à perte de vue jusqu'à l'horizon.

Signé à droite, sur une auge, du monogramme de l'artiste.

Bois. Haut., 48 cent.; larg., 64 cent.

WOUWERMAN (?)

(JAN)

92 — *Le Cavalier*.

Un seigneur, en pourpoint rose tailladé, coiffé d'un feutre gris et chaussé de grandes bottes, monte un cheval blanc. Il s'est arrêté pour causer avec un villageois en veste jaune, un bâton à la main, debout contre un vieux chêne planté au bord de la route. Un chien lève la tête vers le cheval.

Ce tableau, qui offre de l'analogie avec les œuvres de Cuyp, porte en bas une signature peu lisible. Nous avons cru déchiffrer le nom : Jan Wouwerman.

Bois. Haut., 32 cent.; larg., 26 cent.

WYNANTS

(JAN)

93 — *Chaumières dans la verdure*.

Au bord d'un chemin, sur la lisière d'un bois se dressent deux anciennes maisons, pittoresques de vétusté avec leurs grands toits de chaume endommagés, leurs murs à demi dépouillés de crépi, montrant leurs briques et leurs moellons irréguliers. Sur le chemin palissadé à gauche de planches et de joncs, un enfant joue avec un moulin de papier ; une femme est assise auprès d'une meule à aiguiser ; des poules picorent çà et là. Ciel bleu avec des flocons de nuages aux contours ensoleillés.

Exécution achevée et d'un rendu précieux dans les moindres détails.

Bois. Haut., 47 cent.; larg., 63 cent.

ÉCOLE FRANÇAISE

(XVIIIᵉ siècle.)

94 — *Portrait de femme.*

Presque de face, à mi-corps, poudrée, en robe de brocart décolletée et garnie de dentelle, en manteau de velours bleu, agrafé de pierreries.

En haut, des armoiries d'alliance. Cadre sculpté.

Toile ovale. Haut., 80 cent.; larg., 64 cent.

ÉCOLE HOLLANDAISE

95 — *Marine; temps calme.*

Une goëlette et quelques bateaux de pêche voguent sur une mer au calme plat qui réfléchit leurs images inversées. Des nuages ensoleillés s'élèvent dans une atmosphère grisâtre.

Toile. Haut., 48 cent.; larg., 36 cent.

MINIATURES A L'HUILE

96 — *Le Connétable de Luynes.*

En buste, de trois quarts, collerette de dentelle, pourpoint brodé d'or.

Ovale sur cuivre.

Cadre sculpté.

Haut., 50 millim.; larg., 42 millim.

97 — *Portrait d'un gentilhomme du XVIe siècle.*

Blond, portant la moustache et la barbiche. Fraise **godronnée** brodée de guipure, pourpoint noir. En buste.

Cuivre ovale.

Cadre en bois noir.

Haut., 5 cent.; larg., 4 cent.

98 — *La Duchesse de Montbazon.*

En buste, collier de perles, robe rouge et col de dentelle.
Ovale dans un cadre à torsade en vermeil.

Haut., 25 cent.; larg., 27 cent.

99 — *Duc de Vivonne.*

Presque de face, longue perruque flottant sur les épaules, en armure avec une écharpe bleue. En buste.

Ovale dans un cadre à lauriers en bois doré.

Haut., 90 millim.; larg., 68 millim.

100 — *Portrait de Crillon.*

Toque noire, fraise godronnée, justaucorps à soutaches et taillades. En buste.

Miniature à l'huile d'une exécution très fine.

Forme circulaire.

Cadre de bois à moulures.

Diam., 66 millim.

101 — *Henri de Bourbon, roi de Navarre.*

De trois quarts, revêtu de l'armure, ceint de l'écharpe blanche ; fraise bouillonnée.

Cuivre ovale.

Cadre en noyer sculpté.

Haut., 9 cent.; larg., 6 cent.

102 — *Duc de Mayenne.*

De trois quarts, en buste ; grande fraise bordée de dentelle, pourpoint noir. Chaîne d'or à quatre rangs descendant sur la poitrine.

Cuivre ovale.

Cadre noir.

Haut., 72 millim.; larg., 57 millim.

103 — *Nicolas de Catinat, maréchal de France.*

Perruque noire ; en armure, une draperie nouée sur l'épaule, la main sur son casque. Figure à mi-corps.

Cuivre ovale.

Beau cadre Louis XIV. Bois sculpté et doré.

Haut., 9 cent.; larg., 7 cent.

104 — *Louis de la Trémouille, duc de Noirmoutiers.*

La tête de trois quarts, le corps de profil vers la gauche. Perruque noire ; en armure, la taille ceinte d'une écharpe blanche, la main droite sur le bâton de commandement. Figure à mi-corps.
Peinture octogonale.

Haut., 15 cent.; larg., 13 cent.

105 — *Marie de Bourbon-Montpensier, duchesse d'Orléans.*

Agée d'une douzaine d'années, vêtue d'une robe rouge garnie de dentelle, avec, derrière le cou, un col de guipure relevé en éventail, Buste.
Médaillon ovale encadré d'une guirlande de fleurs.
Cuivre.

Haut., 22 cent.; larg., 17 cent.

106 — *Anne-Marie-Louise d'Orléans, duchesse de Montpensier, dite Mademoiselle.*

Représentée en Pallas, avec coiffure de plumes blanches et rouges, revêtue d'une cuirasse papelonnée, armée d'une pique et d'un bouclier. Figure à mi-corps.
Cuivre.
Cadre doré.

Haut., 16 cent.; larg., 17 cent.

107 — *Henriette-Anne Stuart, Madame duchesse d'Orléans.*

La tête de trois quarts vers la gauche, le corps de face, robe rouge, manteau bleu, parure en perles. Figure en buste.
Peinture de forme circulaire dans un cadre ancien à tore de chêne et de laurier, finement sculpté et doré.

Diam., 19 cent.

108 — *Armand de Schomberg, maréchal de France.*

En armure, avec col de guipure; longue perruque blonde. Buste.
Cuivre ovale.

Cadre à couronnement, en bois doré.

Haut., 23 cent.; larg., 16 cent.

109 — *Françoise-Athénais de Rochechouart-Mortemart, marquise de Montespan.*

Presque de face, à mi-corps, robe rose brodée d'or et manteau
bleu : elle a un bouquet à la main droite. Une draperie relevée laisse
voir un parc décoré de statues. Gracieux portrait attribué à
Mignard.
Cuivre ovale.

Cadre à tore de chêne et de laurier en bois sculpté et doré.

Haut., 23 cent.; larg., 17 cent.

110 — *Anne-Marie-Louise d'Orléans, duchesse de Montpensier, dite Mademoiselle.*

De trois quarts, en buste, parée de perles et de pierreries. En
haut, ses armoiries.
Sur panneau.
Cadre doré.

Haut., 10 cent.; larg., 85 millim.

111 — *Marion Delorme.*

En buste, collier de perles, corsage rose drapé de soie blanche
piquée avec des pierreries.
Sur bois.
Cadre sculpté et doré.

Haut , 95 millim.; larg., 75 millim.

MINIATURES SUR IVOIRE ET SUR VÉLIN

ÉMAUX

112 — *Portrait de Marie-Antoinette.*

Presque de face, à mi-jambes, en toilette de satin blanc, coiffée d'un chapeau de gaze à plumes blanches ; la taille ceinte d'un ruban bleu. Assise et tenant un éventail.

Miniature ronde sur ivoire, attribuée à Guerin.

Cadre bronze.

Diam., 78 millim.

113 — *Le Duc de Chaulnes.*

De trois quarts, en buste, longue perruque, jabot de dentelle, rabat de guipure, armure à bandes dorées.

Petit émail ovale dans la manière de Petitot.

Haut., 32 millim.; larg., 24 millim.

114 — *Marguerite de Lorraine Vaudémont, duchesse de Joyeuse.*

Riche costume avec parure de perles et de pierreries.

Buste.

Miniature rectangulaire.

Cadre noir.

Haut., 9 cent.; larg., 7 cent.

115 — *Le Duc de Mazarin.*

En buste, de trois quarts, longue perruque blonde et bouclée, col de dentelle rabattu sur l'armure.
Cadre d'argent doré relevé d'un filet d'émail bleu.

Haut., 38 millim.; larg., 30 millim.

116 — *Mme de Sévigné.*

En buste, presque de face, collier de perles, robe décolletée garnie d'un plissé de tulle et ornée de perles et de nœuds.
Cadre vermeil entouré d'une torsade.

Haut., 40 millim.; larg., 33 millim.

117 — *Anne de Rohan, princesse de Guémené.*

En buste, collier de perles, robe garnie de dentelles, la figure se détachant sur un rideau rouge.
Cadre d'argent à torsade.

Haut., 33 millim.; larg., 32 millim.

118 — *La Duchesse de Nemours.*

De trois quarts, en buste.
Miniature ovale dans un écrin en chagrin.

Haut., 31 millim.; larg., 25 millim.

119 — *Le Duc de Candale*.

De trois quarts, vers la droite, longue perruque blonde, rabat de dentelle, revêtu de l'armure. En buste.
Cadre en bronze.

Haut., 15 cent.; larg., 14 cent.

120 — *Anne, duc de Joyeuse, amiral de France*.

Miniature rectangulaire sur vélin avec rehauts d'or.
Cadre noir.

Haut., 65 millim.; larg., 55 millim.

121 — *D'Ornano, maréchal de France*.

De trois quarts, en buste, toque et pourpoint noirs, à boutons d'or, fraise de dentelle, fond bleu.
Miniature ovale sur vélin.
Cadre noir.

Haut., 52 millim.; larg., 42 millim.

AQUARELLES

122-123 — *Vues de Venise*.

Deux dessins rehaussés d'aquarelle, attribués à F. Guardi.

TAPISSERIES

Belle tenture, dite de Tancrède, composée de six tapisseries de l'époque Louis XIV représentant des sujets à nombreuses figures, tirés de la *Jérusalem délivrée*, encadrés de très jolies bordures à motifs de fleurs multicolores ressortant sur fond jaune, entre deux rubans bleus.

Ces tapisseries, en bon état de conservation, sont d'un coloris vif et très harmonieux.

DIMENSIONS :

124 — Haut., 3 m. 20 cent. sur 5 m. 10 cent.

125 — Haut., 3 m. 20 cent. sur 4 m. 75 cent.

126 — Haut., 3 m. 20 cent. sur 3 m. 70 cent.

127 — Haut., 3 m. 20 cent. sur 3 m. 10 cent.

128 — Haut., 3 m. 20 cent. sur 2 m. 85 cent.

129 — Haut., 3 m. 20 cent. sur 2 m. 50 cent.

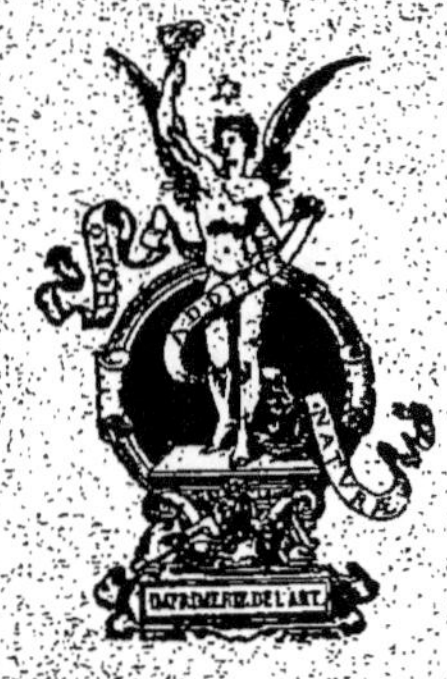

IMPRIMERIE DE L'ART.